+ S U ~ K U +

ポケット 数独2

ニコリ 編著

中級篇

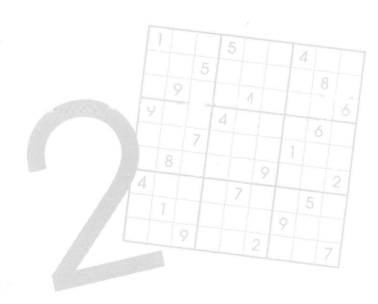

ソフトバンク クリエイティブ

数独の解き方

　数独は世界的に人気のあるパズルです。簡単な問題からとても難しい問題まで、バラエティーに富んだ難易度の問題を作れることも人気の一因でしょうか。

　この本には中級レベルの問題ばかりが載っています。初めて数独に挑戦する方は、初級篇から始められることをおすすめします。ですが、いきなりこの本から始めても、ちょっとだけがんばれば解けます。そんな方のために、少し詳しく中級テクニックを解説しましょう。

　まず、数独のルールです。

[ルール]

① あいているマスに、1から9までの数字のどれかを入れます。

② タテ列（9列あります）、ヨコ列（9列あります）、太線で囲まれた3×3のブロック（それぞれ9マスあるブロックが9つあります）のどれにも1から9までの数字が1つずつ入ります。

＊

　タテに9列、ヨコに9列、3×3のブロックが9つありますが、どれにも数字をダブらないように1つずつ入れていけばいいのです。ヤマカンで入れてはいけません。すべてのマスは理詰めで決まっていくのです。

　では右ページの例題を解いてみましょう。

7				6		(う)		
		5				9		
		9	4			6	1	
8	5				3			
	9						2	
			2				3	1
	4	8			5	2		(い)
		3				4		
				8		(あ)		5

■例題■

まずは初級の手筋で解けるところからいきます。

最初は１つずつ数字に着目しながら解くとわかりやすいでしょう。

まず１から注目してみましょうか。右下の３×３のブロックにはまだ１が入っていないので、あいている６マスのどこかに１が入ります。

上を見ていくと、一番右のタテ列と、その隣のタテ列には１があります。すでに１の入っている列にはもう１を入れることはできま

せんので、このブロックで１を入れられるマスは㋐しかありません。
　次は３に注目してみましょう。先ほどのブロックで３が入ることができるマスは、上の３、左の３と同じ列にならないように考えると、㋐にすでに１が入っているので、㋑のマスしかありません。㋑に３が入ると、㋒にも３が入ります。
　同様に考えていくと、途中経過図に入っている数字はすべてわかるはずです。
　では、ここから中級の手筋を解説します。
　右中段のブロックで８が入るマスはⒶかⒷのどちらかです。このどちらかのマスに必ず８が入らなければなりません。ということは、上から５番目の列のほかのマスには、８は入ってはいけないのです。
　真ん中のブロックで、５の右２マスにも８が入らないことがわかったので、８が入るのはⒸしかありません。
　２に注目しましょう。Ⓗのあるブロックでは２はⒽを含めた右側の３マスのどれかに入ります。そのタテ列の他のマスに２は入りません。Ⓓの右のマスに２は入らず、Ⓓのブロックで２の入るマスはⒹしかないのです。
　次は、右から３番目のタテ列をご覧ください。あいているマスはⒶとⒺの２つだけ。入れなければならない数字は７と８です。Ⓔのヨコ列にはもう８が入っていますので、Ⓔには８は入りません。したがって、８はⒶに入り、Ⓔには７が入ります。

7				6		3	5	
		5		3		9		
Ⓖ	3	9	4	5	Ⓗ	6	1	Ⓕ
8	5	2			3	Ⓔ		
3	9	1	5	Ⓙ	Ⓘ	Ⓐ	2	Ⓑ
			2		Ⓒ	5	3	1
	4	8			5	2		3
5		3		Ⓓ		4		
			3	8	4	1		5

■途中経過■

上から３番目のヨコ列にいきましょう。あきがⒻ、Ⓖ、Ⓗの３マス。残りは2、７、８です。Ⓖのタテ列にはもともと８があり、Ⓒに８が入っていますので、Ⓗにも８は入りません。したがって、この列で８が入るのはⒻとなります。

今の場面で、Ⓖのマスには2、７、８のうち７と８が入れられないので、入るのは2しかない、という考え方もできます。

ということで、残ったⒽには７が入ります。

次は、上から５番目のヨコ列を見てみまし

ょう。残り３マスに入る数字は４、６、７。Ⓗに７が入ったので、Ⓘに入る数字は６、以下、Ⓑには４、残るⒿに７が入ります。

あとは丹念に見ていけば解けるはずです。

ここで解説した解き筋以外にも、考え方はいくつかあります。また、基本的な考え方は同じでも、ちょっと違うカタチになっていることもあります。見落とさないような注意力が必要になってきます。

どうしても次の手が見つからないときは、一度時間をおいてから見直すと、あっさりとわかってしまったりするものです。１カ所にこだわらずに、あちこち目をさまよわせるのも数独を解くコツです。

数独は、間違いに気づいたときに、どこまで戻ればいいのかわからなくなります。そんなときは、思い切って全部消して、最初から解き直した方が、結局早いようです。

この１冊を解き終わったら、上級篇があなたを待っています。ぜひお楽しみください。

7	8	4	9	6	1	3	5	2
1	6	5	8	3	2	9	4	7
2	3	9	4	5	7	6	1	8
8	5	2	1	4	3	7	6	9
3	9	1	5	7	6	8	2	4
4	7	6	2	9	8	5	3	1
9	4	8	6	1	5	2	7	3
5	1	3	7	2	9	4	8	6
6	2	7	3	8	4	1	9	5

■答え■

QUESTIONS

Q1

2			9			8		1
	7			8			6	
								2
6			1		5			
	9						4	
			4		9			8
7								
	6			9			7	
1		8			6			5

Level

4

8

Q2

		7			5			6
	1			2			5	
4			7			9		
		1			6			2
	3						6	
9			5			4		
		4			1			3
	6			9			7	
1			4			6		

Level

4

9

Q3

4			9			2		5
	6			2				
						6		9
2			8		4			
	3			6			1	
			3		2			6
7		3						
				4			8	
9		2			3			1

Level

4

10

Q4

9					8		5	
	3				1		7	
	8					1		
	5		9		7			
1				8				6
			4		5		1	
		4					8	
	9		5				2	
	6		8					3

Level

4

11

Q5

	8				7			6
		3		4			9	
5			9			3		
			3		2			8
	3						5	
4			8		1			
		6			5			3
	1			2		8		
3			1				4	

Level

4

Q6

					5	3		
	4	7		6			5	
6			8				4	
5			1		7	2		
	9						8	
		6	4		2			9
	6				9			2
	3			1		6	7	
		1	6					

Level

4

13

Q7

5	4						7	
7							2	4
		6	5		4			
		4			8	1		
		5	2			8		
			6		3	7		
9	2							6
	8						4	1

Level

4

Q8

	7			8				5
	9		4					1
6			5				4	
		4		1			6	
		7				9		
	8			7		5		
	4				8			3
2					5		9	
8				6			7	

Level

4

Q9

	4					2		
9				2	6		1	
		3	1					9
		1			9		7	
	7						9	
	8		3			4		
3					4	9		
	9		8	5				2
		6					4	

Level

4

Q10

		5	3	7				
	3						1	
		9	6	2		7		3
						1		6
1		3				2		8
6		4						
5		7		4	2	6		
	8						2	
				1	7	5		

Level

4

Q11

			8	6	3			
	9	7					3	5	
3								6
	1				6			
		2		9		4		
			4				3	
9								5
	3	1				6	4	
			6	8	7			

Level

4

18

Q12

			4			1	2	
		2		6				4
	5				3			6
	4				5			
		7				8		
			8				9	
1			7				4	
4				5		3		
	3	5			6			

Level

4

19

Q13

	9				1	3		
1			6	9			8	
							7	
		3	7					
7	6			1			9	5
					2	6		
	1							
	3			5	7			4
		4	9				2	

Level

4

20

Q14

7					6			2
	4		3				7	
				7				
	2		6		7			9
		8		9		5		
9			4		2		3	
				4				
	8				9		6	
4			8					5

Level 4

Q15

				2	1			
	1	7			5	2		
	9					6	7	
		6	8					
		8				7		
					9	8		
	2	3					4	
		5	4			3	9	
			2	6				

Level

4

Q16

					1			
	2			7		4		
5		7			3		6	
			9				5	
8			6		2			9
	3				4			
	7		3			2		8
		6		2			7	
			5					

Level

4

23

Q17

7	6			1			4	8
	2				8			6
		7						
		3					5	
9				6				3
	4					2		
				2				
4			3				7	
2	5			7			8	9

Level

4

Q18

			5	6				
	6	3			7	1		
	4						2	
8			7				9	
6								5
	5				8			4
	3						7	
		9	1			2	5	
				8	4			

Level

4

25

Q19

				2	8			
		5	1			6	2	
	7						5	
	3				6			2
5								4
4			9				6	
	2						8	
	6	1			2	9		
			4	3				

Level
5

26

Q20

		4			6	3		
		2		8			7	
	1							6
1					2	4		
3				6				8
		9	3					1
2							8	
	5			4		9		
		3	5			2		

Level

5

Q21

	5				6			2
6	4			8			9	
			5					
		1			2			6
	8			7			3	
2			4			8		
					7			
	2			6			4	8
7			1				5	

Level
5

Q22

			5		4			
3								7
	5		3		6		2	
		2		9		1		
	4						5	
		9		1		6		
	6		2		8		7	
8								3
			6		9			

Level
5

29

Q23

1	8							
				2	6			
		5	7			1	4	
3	5							6
			5		7			
9							7	1
	2	8			3	7		
			4	8				
							1	5

Level
5

Q24

		1				7		
9			4		1			3
5				8				2
			5		8			
	8	5				3	1	
			7		9			
8				2				5
2			1		6			8
		4				2		

Level
5

31

Q25

	8			9	2			5
5							1	
		9	4			2		
		1	8					2
2								1
6					7	4		
		2			4	8		
	4							3
7			5	1			2	

Level
5

Q26

			2				8	
4				8		7		
	9				7		1	
		1	8					7
	6			7			4	
2					1	3		
	8		6				3	
		6		4				2
	1				9			

Q27

	5			2				9
8	1				4			
			8			6		
		9	3				6	
2				4				7
	6				2	5		
		5			9			
			6				9	2
4				1			8	

Level
5

Q28

					3			1
	8	5			4			3
4			6			2	9	
9			4					
				8				
					5			6
	9	3			2			4
2			8			3	1	
8			9					

Level
5

Q29

			8	1		3		
	9	8					1	
5								7
9			4	2				
	5	3				2	4	
				9	1			5
2								3
	4					1	2	
		6		5	8			

Level
5

36

Q30

3				5				1
	7				6		4	
	8		4			6		
	9				1			
8				6				5
			7				6	
		8			3		7	
	3		6				5	
1				4				2

Level
5

Q31

2					3		9	
				9		6		2
			2				1	
		7	5		6			1
	9						5	
4			9		2	3		
	1				5			
3		8		1				
	7		4					6

Level
5

38

Q 32

	6	3			7	2		
		9				5		
			8					9
				5			8	4
2								7
3	5		1					
9				5				
		1				9		
		6	4			7	3	

Level
5

39

Q33

		4				5		
	3		1				2	
2				5				4
			6		1		4	
		7				8		
	1		4		9			
1				2				7
	4				8		6	
		5				4		

5

Q34

8						6		
2			6	3			8	
	7				1			5
	1				5			
		9				2		
			1				3	
9			7				4	
	6			5	9			2
		3						1

Level
5

Q35

					9	5		
				4			3	
4	2		6				1	
		1	8					6
8			1		5			2
5					7	8		
	1				4		6	7
	8			2				
		5	9					

Level
5

Q36

		6		7	2			
		9				8		
	4						9	3
9					5	2		
4				2				9
		7	3					5
2	3						1	
		8				7		
			1	8		4		

Level

5

43

Q37

9			1					
	2			9		6		
		6		7			4	
			8				1	
5			7		9			8
	4				3			
	1			3		5		
		4		6			3	
					7			9

Level
5

44

Q38

		8			6			
	6		5			9		
3					2		5	
	7			3		1		8
			2		8			
2		9		7			6	
	3		8					2
		5			9		1	
			3			7		

Level
5

45

Q39

		3			7	4		
			2				9	
4				5				6
	6				3			1
		2				6		
3			7				5	
9				2				4
	7				1			
		4	9			2		

Level
5

Q 40

		8			2			3
	6			5			8	
9			3			4		
			1	2			9	
		5				7		
	8			3	6			
		6			1			8
	5			9			6	
3			6			9		

Level

5

47

Q41

		5	7			3		
	9			6				5
	3			1			2	
		9	8				5	
5								6
	4				7	9		
	6			7			3	
4				8			7	
		8			6	1		

Level
5

48

Q42

		6			2		3	
3					5		7	
	8					1		
	7		8		9			
4				3				6
			2		6		5	
		8					2	
	3		1					5
	9		6			3		

5

Q 43

		4	3					
	3			2	1	8		
	5						9	
7					6			
	4	5		8		3	2	
			7					9
	1						6	
		6	5	7			4	
					8	9		

Level
5

Q44

	6			8			7	
5			1					9
			5		3			2
	9					4		
	3			9			6	
		8					3	
4			6		8			
7					9			5
	5			2			9	

Level
5

Q45

		2			9			3
	8			4			1	
1			2				4	
3			1			5		
		5				7		
		7			2			8
	6				1			9
	7			9			2	
5			7			4		

Level
5

52

Q46

		7			4	6		
2			7	1			8	
	1							
		3		4				9
	4		9		7		5	
6				8		3		
							2	
	5			6	3			7
		8	4			9		

Level

5

Q47

1				5				4
	3				4		7	
		6				2		
3			2					1
	7			1			3	
2					8			6
		7				4		
	6		8				1	
9				6				7

Level
5

54

Q48

			5				6	
7				1		8		
	4				2			
		1	3		5			6
	8			9			5	
3			2		8	1		
			7				4	
		9		6				7
	6				4			

Level
5

Q49

	2				9	4		
		4		1			5	
	1			6			8	
8			2					
6				9				8
					3			5
	6			5			9	
	5			2		3		
		7	4				1	

Level 5

Q50

					7	1		
3				9			4	
	5		3				6	
	7		8					4
1				7				3
9					4		8	
	8				2		1	
	9			4				8
		7	5					

Level 5

Q51

4					7			3
	2			5			6	
		5				8		
					6			8
	8			7			5	
2			9					
		8				9		
	3			8			2	
9			1					6

Level
5

Q52

		7						
	8			9	4	2		
3			1				4	
8			3	4			9	
5								8
	7			6	8			5
	5				6			7
		2	5	3			1	
					6			

Level

5

59

Q53

	3			5	4			
8						6		
			1	9			3	
		1			3			2
5		6				3		9
3			5			1		
	9			2	8			
		3						4
			9	3			5	

Level
5

Q54

	7		1			6		
4					7			
				6		8		3
8			2				1	
		9				7		
	3				5			4
7		2		9				
			6					5
		8			1		2	

Level

5

Q55

	1			7	9			6
7								
		5	1			2		
	7			6		1		
	3						9	
		8		4			5	
		4			2	5		
								4
1			8	3			6	

Level
5

62

Q56

					2	6		
			3	4			5	
		7					4	
	2				9			1
1			4		7			3
5			2				8	
	1					4		
	5			7	1			
		3	9					

Level
5

Q57

	2			9	1			
6							3	
		5	8					7
	9				3	6		
	6						5	
		7	5				1	
2					8	4		
	3							9
			1	7			2	

Level
5

64

Q58

7			4			6		
	1			7			8	
		6						3
6			7		4			
	2						1	
			3		5			2
5						1		
	8			5			7	
		9			3			8

Level
5

65

Q59

	9				8	2		
4			9	2			5	
		6						4
	2				6			8
		1				7		
5			2				4	
6						3		
	4			6	2			7
		2	8				9	

Level
5

66

Q 60

		4		1	3			
		5				4		
	3						9	5
9			3		2			
5				4				3
			6		8			7
2	1						6	
		9				5		
			4	6		3		

Level
5

67

Q61

5			6		8			4
		4		3		5		
	9						7	
		2				7		
	4			1			6	
		9				4		
	1						2	
		6		9		3		
4			1		7			6

Level
5

68

Q62

8			6			3		
		7		9				
	3				1			4
7			4			6		
	9			7			2	
		6			2			9
6			1				5	
				8		2		
		8			5			3

Level
5

69

Q63

		3	1					
	5			7			1	
	7			6			5	
		8	5					6
7								3
1					2	8		
	6			2			3	
	2			3			4	
					9	5		

Level
5

Q64

6				7				1
	5				1		6	
		2				4		
		4			2			5
	7			3			8	
9			4			1		
		6				7		
	3		9				2	
2				1				9

Q65

	8					4	3	
2					8			6
9			3	6				
	5	2						
			8		9			
						5	7	
			7	4				5
8			9					1
	3	5					9	

Level
5

72

Q66

	7			5			1	
2	8			3	9			4
	9		3					
8	4			6			7	5
					1		2	
6			2	9			4	3
	5			1			9	

Level
6

73

Q67

			5		3			2
	2	9					4	
	4			8				
4					1			6
		5		2		9		
2			7					1
				3			1	
	5					2	6	
3			8		4			

Level
6

74

Q68

						7	4	
4				2	9			8
8			4					
	3				4	9		
	6						8	
		2	1				6	
					2			9
3			8	4				7
	5	6						

Level

6

75

Q 69

		8					3	6
	3				4	2		
9				8				
			9				6	4
		2				8		
3	1				6			
				2				5
		4	5				7	
2	9					3		

Level
6

76

Q70

	8		3		7		9	
9				6				7
		1				4		
4								3
	9			1			2	
6								1
		9				3		
5				2				9
	4		7		8		1	

Level

6

Q71

			7	3			1	
	5	9						8
	3				4			
2			1			3		
3				7				6
		8			6			2
			2				6	
4						2	5	
	6			5	7			

Level

6

Q72

6				5		2		
	7		4					
				9		8		1
	8		6		7			
4		2				6		7
			2		5		8	
8		3		1				
					4		9	
		4		2				8

Level
6

79

Q73

			8	1				
		8			4	6	9	
	6							3
6					8	4		
	1			3			8	
		3	2					7
9							5	
	5	7	6			1		
				4	3			

Level
6

80

Q74

								5
	7	8		6				9
3			9		5		8	
6			7			2		
				2				
		1			4			8
	8		1		6			7
7				5		6	1	
9								

Level

6

Q75

	4			8		5		
7			6				3	
		1			5			7
	2				1	9		
8								4
		6	5				2	
9			2			6		
	6				3			5
		5		4			1	

Level
6

82

Q76

		3					2	
			9		6		3	
		6			5			9
	9			4				1
	6						8	
7				8			6	
1			5			6		
	3		8		7			
	2					1		

Level
6

Q77

7	4				3		6	
8				6			4	3
		7						
		5			2			8
	2						9	
3			8			1		
				7				
2	6			4				9
	7		3				1	6

Level

6

84

Q78

			4	3				2
		2	9				5	
	8	3				9		
4	3				5			
2								9
			1				8	5
		1				6	9	
	9				7	2		
7				8	9			

Level
6

85

Q79

	9							2
	8							6
		5		9	2		7	
7			2			4		
1								3
		3			6			7
	7		8	5		6		
8							3	
4							9	

Level

6

Q80

		7		1			9	
5					6	4		
	3							8
	1		3		7			
3				8				4
			9		5		8	
4							5	
		2	7					1
	8			6		7		

Level

6

Q81

	2		9			6		
4	7				8			
				1				3
7			8				2	
		2				3		
	9				2			1
2				7				
			1				8	2
		4			9		6	

Level
6

Q82

		3		7	2			
		7				8	2	
	6							
	4		7		5			6
6				2				7
8			4		3		1	
							3	
	5	8				2		
			1	4		6		

Level

6

89

Q83

2					8			5
	5		9				1	
		6				7		
9			4		2		6	
				6				
	6		5		1			9
		2				5		
	9				4		3	
3			6					8

Level
6

90

Q84

	2			3				
		1			7	9		
7			2				3	
	6				1			8
		2				3		
4			6				7	
	1				9			4
		8	3			1		
				6			2	

Level
6

Q85

	1	6						
9			2	4				5
					6		1	
	3		8			9		
	9						2	
		4			7		8	
	7		1					
6				9	5			1
						2	4	

Level
6

92

Q86

6			9					3
	8			7			2	
					3			
		7		9				1
	6		8		5		9	
5				2		3		
			7					
	9			5			8	
3					4			5

Level

6

93

Q87

			7			1	6	
		7			6			2
	5			8				
2			5			7		
	1						3	
		6			8			5
				5			1	
5			2			9		
	6	2			4			

Level
6

94

Q88

			3	1			8	
	9	2						3
1								
9			8	4				
	4	8				3	7	
				2	3			5
								4
4						7	1	
	2			5	8			

Level

6

Q89

	3							
8				2	4			
9			8			5	2	
	4	7						9
			4		5			
2						4	7	
	8	1			6			3
			9	5				2
							1	

Level
6

96

Q90

		8	6					2
		4		1	2		5	
	9							
2					5			
	5	7		3		2	4	
			1					3
							8	
	7		5	8		9		
3					7	1		

Level
6

97

Q91

	3	7		4				6
5			3		2		8	
6			4			9		
	9			3			6	
		4			8			1
	8		2		9			5
3				6		2	1	

Level
6

98

Q 92

5			2				3	
		4			1			7
	1			7			8	
	6				9			
		2				6		
			5				2	
	5			1			6	
6			7			1		
	9				3			8

Level
6

99

Q93

		4	2				5	
	2			5				3
		6	3			7		
					2		9	
8								2
	1		6					
		9			8	3		
3				4			1	
	6				7	9		

Level

6

Q94

		7		4				2
	9			3			7	
1			9					
					5	3		
4	7			8			9	1
		8	6					
					6			4
	2			1			3	
6				5		1		

Level
6

Q95

3					2			
		9		3		6		
	6		1				5	
		5			3			1
	8			7			4	
9			2			5		
	5				4		1	
		4		6		2		
			3					9

Level
6

102

Q96

					3	7		
4				9			1	6
3				2				
	2				8	9		
	8						4	
		5	9				3	
				8				5
7	5			1				9
		9	7					

Level
6

103

Q97

			8				5	
		8		2				4
5				1		9		
	7				5			
		6	9		7	8		
			4				9	
		2		4				3
7				9		1		
	4				2			

Level
6

Q 98

3			6		4			8
	7						5	
		4				2		
	5			9			2	
			5		8			
	8			3			7	
		1				5		
	9						3	
4			9		7			6

Level
6

Q99

7				9				2
	6				1		5	
		4				6		
			3		2		7	
1				8				4
	3		5		7			
		2				4		
	4		2				3	
3				7				1

Level
6

Q100

	9			4	8			
7			9			4		
		8					7	
	3				9			2
1				5				9
5			8				6	
	1					3		
		4			5			6
			6	2			4	

Level
6

Q101

	1							
2				5	7			
			2			4	5	
	6	8						9
3			7		8			6
1						7	4	
	9	2			4			
			8	3				1
							7	

Level
6

108

Q102

			9	3			7	
		1				9		
		8				4		
7			6	1			8	
	2						4	
	9			5	7			6
		9				2		
		5				8		
	3			2	1			

Level
6

109

Q103

			3				5	
				1				4
	5	6			2	7		
7			5				6	
4								3
	2				4			1
		2	7			1	9	
8				9				
	7				8			

Level
6

110

Q104

			7		9		4	
		4		1		8		5
	6						9	
4								1
	9			2			6	
5								3
	8						7	
3		1		7		2		
	5		3		8			

Level 6

Q105

		7				3	4	
	2				4			
8				9				
	4		1		7			8
		9				5		
7			9		3		6	
				2				1
			7				2	
	8	5				6		

Level
6

Q106

			9		3			6
		2		8			9	
	8							
8					9		6	
1		9		6		4		5
	5		8					1
							5	
	7			9		6		
2			3		7			

Level
6

113

Q107

		1			7			
	4		2			7		
9				6			3	
	9				8			1
		3		2		6		
4			6				8	
	3			1				9
		5			4		1	
			8			2		

Level
6

Q108

6			8		5			
		1				8		
	2			4			3	
	6				7			2
		2				3		
4			9				7	
	9			3			1	
		3				6		
			6		8			3

Level
6

Q109

2			8		5			4
	8			3			2	
		1				8		
	1						6	
3				2				7
	6						8	
		5				4		
	9			7			3	
7			4		9			2

Level
6

Q110

	9	7						
	8			5			1	3
			3		7			4
		2				6		
	4			6			9	
		1				3		
7			2		4			
5	2			8			7	
						1	2	

Level

6

Q111

1					5	9		
	3		1	8			7	
		7						4
			7				9	
		3				8		
	8				6			
9						2		
	1			2	3		6	
		6	5					7

Level

6

ANSWERS

チョット待って！
── あきらめて投げ出される前に ──

「ポケット数独」の問題は、正しく論理的に考えていけば、必ず以下に示す正解にたどり着くことができます。「この問題は解けない」「"正解"が複数ある」「問題が間違っている」──そう結論を出す前に、もう一度、次の諸点を確認してみてください。きっとどこかに見落としがあるはずです。

* 問題を別の紙に書き写して解いていらっしゃる方は、最初に与えられている数字の転記ミス・転記漏れがないかどうかを確認してみてください。出題は、中央のマスを中心に、数字がすべて点対称の位置に配置されています。

* 9列あるタテ列について、記入した数字にダブりがないかどうか、1列ずつ確認してみてください。

* 9列あるヨコ列について、記入した数字にダブりがないかどうか、1列ずつ確認してみてください。

* 9つある3×3ブロックについて、記入した数字にダブりがないかどうか、1つずつ確認してみてください。

1

2	4	6	9	3	7	8	5	1
9	7	5	2	8	1	3	6	4
8	1	3	6	5	4	7	9	2
6	8	4	1	7	5	2	3	9
5	9	1	8	2	3	6	4	7
3	2	7	4	6	9	5	1	8
7	5	9	3	1	2	4	8	6
4	6	2	5	9	8	1	7	3
1	3	8	7	4	6	9	2	5

2

3	8	7	9	1	5	2	4	6
6	1	9	3	2	4	8	5	7
4	5	2	7	6	8	9	3	1
5	4	1	8	7	6	3	9	2
2	3	8	1	4	9	7	6	5
9	7	6	5	3	2	4	1	8
7	9	4	6	8	1	5	2	3
8	6	5	2	9	3	1	7	4
1	2	3	4	5	7	6	8	9

3

4	1	8	9	7	6	2	3	5
3	6	9	4	2	5	1	7	8
5	2	7	1	3	8	6	4	9
2	9	6	8	1	4	3	5	7
8	3	5	7	6	9	4	1	2
1	7	4	3	5	2	8	9	6
7	8	3	6	9	1	5	2	4
6	5	1	2	4	7	9	8	3
9	4	2	5	8	3	7	6	1

4

9	1	6	7	2	8	3	5	4
4	3	5	6	9	1	2	7	8
7	8	2	3	5	4	1	6	9
6	5	8	9	1	7	4	3	2
1	4	7	2	8	3	5	9	6
3	2	9	4	6	5	8	1	7
2	7	4	1	3	9	6	8	5
8	9	3	5	4	6	7	2	1
5	6	1	8	7	2	9	4	3

5

9	8	4	5	3	7	1	2	6
1	6	3	2	4	8	5	9	7
5	7	2	9	1	6	3	8	4
6	9	1	3	5	2	4	7	8
8	3	7	6	9	4	2	5	1
4	2	5	8	7	1	6	3	9
2	4	6	7	8	5	9	1	3
7	1	9	4	2	3	8	6	5
3	5	8	1	6	9	7	4	2

6

8	1	9	7	4	5	3	2	6
2	4	7	9	6	3	8	5	1
6	5	3	8	2	1	9	4	7
5	8	4	1	9	7	2	6	3
1	9	2	3	5	6	7	8	4
3	7	6	4	8	2	5	1	9
4	6	8	5	7	9	1	3	2
9	3	5	2	1	4	6	7	8
7	2	1	6	3	8	4	9	5

7

5	4	9	8	1	2	6	7	3
7	1	8	3	6	9	5	2	4
2	3	6	5	7	4	9	1	8
3	7	4	9	5	8	1	6	2
8	6	2	1	3	7	4	9	5
1	9	5	2	4	6	8	3	7
4	5	1	6	2	3	7	8	9
9	2	7	4	8	1	3	5	6
6	8	3	7	9	5	2	4	1

8

4	7	2	9	8	1	6	3	5
3	9	5	4	2	6	7	8	1
6	1	8	5	3	7	2	4	9
5	2	4	8	1	9	3	6	7
1	6	7	3	5	4	9	2	8
9	8	3	6	7	2	5	1	4
7	4	6	2	9	8	1	5	3
2	3	1	7	4	5	8	9	6
8	5	9	1	6	3	4	7	2

9

1	4	7	5	9	3	2	6	8
9	5	8	7	2	6	3	1	4
2	6	3	1	4	8	7	5	9
4	3	1	2	6	9	8	7	5
6	7	2	4	8	5	1	9	3
5	8	9	3	1	7	4	2	6
3	2	5	6	7	4	9	8	1
7	9	4	8	5	1	6	3	2
8	1	6	9	3	2	5	4	7

10

2	1	5	3	7	8	4	6	9
7	3	6	4	9	5	8	1	2
8	4	9	6	2	1	7	5	3
9	7	8	2	5	3	1	4	6
1	5	3	7	6	4	2	9	8
6	2	4	1	8	9	3	7	5
5	9	7	8	4	2	6	3	1
4	8	1	5	3	6	9	2	7
3	6	2	9	1	7	5	8	4

11

1	2	5	8	6	3	9	7	4
6	9	7	2	4	1	3	5	8
3	4	8	5	7	9	2	1	6
4	1	3	7	2	6	5	8	9
7	8	2	3	9	5	4	6	1
5	6	9	4	1	8	7	3	2
9	7	6	1	3	4	8	2	5
8	3	1	9	5	2	6	4	7
2	5	4	6	8	7	1	9	3

12

6	7	3	4	8	9	1	2	5
8	1	2	5	6	7	9	3	4
9	5	4	1	2	3	7	8	6
2	4	8	3	9	5	6	7	1
3	9	7	6	1	4	8	5	2
5	6	1	8	7	2	4	9	3
1	2	6	7	3	8	5	4	9
4	8	9	2	5	1	3	6	7
7	3	5	9	4	6	2	1	8

13

8	9	5	2	7	1	3	4	6
1	4	7	6	9	3	5	8	2
3	2	6	4	8	5	1	7	9
4	5	3	7	6	9	2	1	8
7	6	2	3	1	8	4	9	5
9	8	1	5	4	2	6	3	7
6	1	9	8	2	4	7	5	3
2	3	8	1	5	7	9	6	4
5	7	4	9	3	6	8	2	1

14

7	9	3	5	1	6	8	4	2
5	4	6	3	2	8	9	7	1
8	1	2	9	7	4	6	5	3
3	2	4	6	5	7	1	8	9
6	7	8	1	9	3	5	2	4
9	5	1	4	8	2	7	3	6
2	6	9	7	4	5	3	1	8
1	8	5	2	3	9	4	6	7
4	3	7	8	6	1	2	9	5

15

3	6	4	7	2	1	9	5	8
8	1	7	6	9	5	2	3	4
5	9	2	3	8	4	6	7	1
9	3	6	8	7	2	4	1	5
4	5	8	1	3	6	7	2	9
2	7	1	5	4	9	8	6	3
7	2	3	9	5	8	1	4	6
6	8	5	4	1	7	3	9	2
1	4	9	2	6	3	5	8	7

16

3	9	8	4	6	1	5	2	7
6	2	1	8	7	5	4	9	3
5	4	7	2	9	3	8	6	1
7	6	2	9	3	8	1	5	4
8	5	4	6	1	2	7	3	9
1	3	9	7	5	4	6	8	2
9	7	5	3	4	6	2	1	8
4	8	6	1	2	9	3	7	5
2	1	3	5	8	7	9	4	6

17

7	6	9	2	1	3	5	4	8
1	2	4	5	9	8	7	3	6
5	3	8	7	4	6	9	2	1
8	1	3	9	2	7	6	5	4
9	7	2	4	6	5	8	1	3
6	4	5	8	3	1	2	9	7
3	9	7	1	8	2	4	6	5
4	8	6	3	5	9	1	7	2
2	5	1	6	7	4	3	8	9

18

9	2	8	5	6	1	3	4	7
5	6	3	2	4	7	1	8	9
7	4	1	8	3	9	5	2	6
8	1	4	7	5	3	6	9	2
6	9	7	4	1	2	8	3	5
3	5	2	6	9	8	7	1	4
1	3	6	9	2	5	4	7	8
4	8	9	1	7	6	2	5	3
2	7	5	3	8	4	9	6	1

19

6	1	3	5	2	8	4	7	9
8	4	5	1	9	7	6	2	3
2	7	9	3	6	4	1	5	8
1	3	7	8	4	6	5	9	2
5	9	6	2	7	1	8	3	4
4	8	2	9	5	3	7	6	1
9	2	4	6	1	5	3	8	7
3	6	1	7	8	2	9	4	5
7	5	8	4	3	9	2	1	6

20

8	9	4	7	1	6	3	5	2
6	3	2	4	8	5	1	7	9
5	1	7	9	2	3	8	4	6
1	7	6	8	9	2	4	3	5
3	2	5	1	6	4	7	9	8
4	8	9	3	5	7	6	2	1
2	4	1	6	3	9	5	8	7
7	5	8	2	4	1	9	6	3
9	6	3	5	7	8	2	1	4

21

3	5	9	7	1	6	4	8	2
6	4	7	2	8	3	5	9	1
8	1	2	5	9	4	3	6	7
4	3	1	8	5	2	9	7	6
9	8	5	6	7	1	2	3	4
2	7	6	4	3	9	8	1	5
5	6	8	3	4	7	1	2	9
1	2	3	9	6	5	7	4	8
7	9	4	1	2	8	6	5	3

22

7	1	8	5	2	4	3	9	6
3	2	6	9	8	1	5	4	7
9	5	4	3	7	6	8	2	1
6	8	2	7	9	5	1	3	4
1	4	3	8	6	2	7	5	9
5	7	9	4	1	3	6	8	2
4	6	1	2	3	8	9	7	5
8	9	5	1	4	7	2	6	3
2	3	7	6	5	9	4	1	8

23

1	8	9	3	5	4	6	2	7
4	7	3	1	2	6	9	5	8
2	6	5	7	9	8	1	4	3
3	5	7	9	4	1	2	8	6
8	1	2	5	6	7	4	3	9
9	4	6	8	3	2	5	7	1
5	2	8	6	1	3	7	9	4
7	9	1	4	8	5	3	6	2
6	3	4	2	7	9	8	1	5

24

3	6	1	9	5	2	7	8	4
9	2	8	4	7	1	5	6	3
5	4	7	6	8	3	1	9	2
1	9	6	5	3	8	4	2	7
7	8	5	2	6	4	3	1	9
4	3	2	7	1	9	8	5	6
8	1	9	3	2	7	6	4	5
2	5	3	1	4	6	9	7	8
6	7	4	8	9	5	2	3	1

25

1	8	7	6	9	2	3	4	5
5	2	4	7	8	3	6	1	9
3	6	9	4	5	1	2	8	7
4	9	1	8	3	5	7	6	2
2	7	8	9	4	6	5	3	1
6	5	3	1	2	7	4	9	8
9	1	2	3	7	4	8	5	6
8	4	5	2	6	9	1	7	3
7	3	6	5	1	8	9	2	4

26

1	3	7	2	9	4	6	8	5
4	2	5	1	8	6	7	9	3
6	9	8	5	3	7	2	1	4
5	4	1	8	6	3	9	2	7
8	6	3	9	7	2	5	4	1
2	7	9	4	5	1	3	6	8
7	8	2	6	1	5	4	3	9
9	5	6	3	4	8	1	7	2
3	1	4	7	2	9	8	5	6

27

6	5	4	7	2	3	8	1	9
8	1	2	9	6	4	7	5	3
9	3	7	8	5	1	6	2	4
5	4	9	3	7	8	2	6	1
2	8	1	5	4	6	9	3	7
7	6	3	1	9	2	5	4	8
3	2	5	4	8	9	1	7	6
1	7	8	6	3	5	4	9	2
4	9	6	2	1	7	3	8	5

28

6	2	9	5	7	3	4	8	1
1	8	5	2	9	4	6	7	3
4	3	7	6	1	8	2	9	5
9	7	2	4	6	1	5	3	8
5	6	4	3	8	9	1	2	7
3	1	8	7	2	5	9	4	6
7	9	3	1	5	2	8	6	4
2	5	6	8	4	7	3	1	9
8	4	1	9	3	6	7	5	2

29

4	7	2	8	1	9	3	5	6
6	9	8	5	3	7	4	1	2
5	3	1	6	4	2	9	8	7
9	6	7	4	2	5	8	3	1
1	5	3	7	8	6	2	4	9
8	2	4	3	9	1	6	7	5
2	8	9	1	7	4	5	6	3
7	4	5	9	6	3	1	2	8
3	1	6	2	5	8	7	9	4

30

3	6	4	2	5	8	7	9	1
9	7	2	1	3	6	5	4	8
5	8	1	4	7	9	6	2	3
6	9	5	3	2	1	4	8	7
8	2	7	9	6	4	3	1	5
4	1	3	7	8	5	2	6	9
2	4	8	5	9	3	1	7	6
7	3	9	6	1	2	8	5	4
1	5	6	8	4	7	9	3	2

31

2	8	4	1	6	3	7	9	5
1	3	5	7	9	4	6	8	2
7	6	9	2	5	8	4	1	3
8	2	7	5	3	6	9	4	1
6	9	3	8	4	1	2	5	7
4	5	1	9	7	2	3	6	8
9	1	6	3	2	5	8	7	4
3	4	8	6	1	7	5	2	9
5	7	2	4	8	9	1	3	6

32

4	6	3	5	9	7	2	1	8
8	2	9	6	1	4	5	7	3
1	7	5	3	8	2	4	6	9
6	9	7	2	3	5	1	8	4
2	1	8	9	4	6	3	5	7
3	5	4	1	7	8	6	9	2
9	3	2	7	5	1	8	4	6
7	4	1	8	6	3	9	2	5
5	8	6	4	2	9	7	3	1

33

8	7	4	9	6	2	5	3	1
5	3	9	1	4	7	6	2	8
2	6	1	8	5	3	7	9	4
3	5	8	6	7	1	2	4	9
4	9	7	2	3	5	8	1	6
6	1	2	4	8	9	3	7	5
1	8	6	3	2	4	9	5	7
7	4	3	5	9	8	1	6	2
9	2	5	7	1	6	4	8	3

34

8	4	1	5	7	2	6	9	3
2	9	5	6	3	4	1	8	7
3	7	6	9	8	1	4	2	5
4	1	8	3	2	5	7	6	9
5	3	9	4	6	7	2	1	8
6	2	7	1	9	8	5	3	4
9	5	2	7	1	3	8	4	6
1	6	4	8	5	9	3	7	2
7	8	3	2	4	6	9	5	1

35

6	3	8	7	1	9	5	2	4
1	5	7	2	4	8	6	3	9
4	2	9	6	5	3	7	1	8
3	7	1	8	9	2	4	5	6
8	9	4	1	6	5	3	7	2
5	6	2	4	3	7	8	9	1
9	1	3	5	8	4	2	6	7
7	8	6	3	2	1	9	4	5
2	4	5	9	7	6	1	8	3

36

3	8	6	9	7	2	5	4	1
5	1	9	4	3	6	8	2	7
7	4	2	8	5	1	6	9	3
9	6	3	7	1	5	2	8	4
4	5	1	6	2	8	3	7	9
8	2	7	3	9	4	1	6	5
2	3	4	5	6	7	9	1	8
1	9	8	2	4	3	7	5	6
6	7	5	1	8	9	4	3	2

37

9	3	5	1	4	6	2	8	7
4	2	7	3	9	8	6	5	1
1	8	6	2	7	5	9	4	3
2	7	9	8	5	4	3	1	6
5	6	3	7	1	9	4	2	8
8	4	1	6	2	3	7	9	5
6	1	8	9	3	2	5	7	4
7	9	4	5	6	1	8	3	2
3	5	2	4	8	7	1	6	9

38

4	5	8	7	9	6	2	3	1
1	6	2	5	4	3	9	8	7
3	9	7	1	8	2	6	5	4
6	7	4	9	3	5	1	2	8
5	1	3	2	6	8	4	7	9
2	8	9	4	7	1	3	6	5
9	3	6	8	1	7	5	4	2
7	4	5	6	2	9	8	1	3
8	2	1	3	5	4	7	9	6

39

5	9	3	6	1	7	4	8	2
6	1	8	2	3	4	5	9	7
4	2	7	8	5	9	3	1	6
8	6	9	5	4	3	7	2	1
7	5	2	1	9	8	6	4	3
3	4	1	7	6	2	8	5	9
9	8	5	3	2	6	1	7	4
2	7	6	4	8	1	9	3	5
1	3	4	9	7	5	2	6	8

40

5	4	8	9	1	2	6	7	3
1	6	3	4	5	7	2	8	9
9	7	2	3	6	8	4	1	5
7	3	4	1	2	5	8	9	6
6	1	5	8	4	9	7	3	2
2	8	9	7	3	6	5	4	1
4	9	6	5	7	1	3	2	8
8	5	7	2	9	3	1	6	4
3	2	1	6	8	4	9	5	7

41

1	2	5	7	4	8	3	6	9
7	9	4	2	6	3	8	1	5
8	3	6	9	1	5	4	2	7
6	1	9	8	2	4	7	5	3
5	8	7	3	9	1	2	4	6
3	4	2	6	5	7	9	8	1
9	6	1	4	7	2	5	3	8
4	5	3	1	8	9	6	7	2
2	7	8	5	3	6	1	9	4

42

7	4	6	9	1	2	5	3	8
3	2	1	4	8	5	6	7	9
9	8	5	3	6	7	1	4	2
6	7	3	8	5	9	2	1	4
4	5	2	7	3	1	8	9	6
8	1	9	2	4	6	7	5	3
1	6	8	5	9	3	4	2	7
2	3	4	1	7	8	9	6	5
5	9	7	6	2	4	3	8	1

43

8	6	4	3	9	5	2	7	1
9	3	7	4	2	1	8	5	6
2	5	1	8	6	7	4	9	3
7	8	9	2	3	6	5	1	4
6	4	5	1	8	9	3	2	7
1	2	3	7	5	4	6	8	9
5	1	8	9	4	3	7	6	2
3	9	6	5	7	2	1	4	8
4	7	2	6	1	8	9	3	5

44

3	6	1	9	8	2	5	7	4
5	7	2	1	4	6	3	8	9
9	8	4	5	7	3	6	1	2
6	9	7	2	3	1	4	5	8
1	3	5	8	9	4	2	6	7
2	4	8	7	6	5	9	3	1
4	1	9	6	5	8	7	2	3
7	2	6	3	1	9	8	4	5
8	5	3	4	2	7	1	9	6

45

7	4	2	6	1	9	8	5	3
9	8	6	3	4	5	2	1	7
1	5	3	2	7	8	9	4	6
3	2	8	1	6	7	5	9	4
6	1	5	9	8	4	7	3	2
4	9	7	5	3	2	1	6	8
2	6	4	8	5	1	3	7	9
8	7	1	4	9	3	6	2	5
5	3	9	7	2	6	4	8	1

46

5	8	7	3	2	4	6	9	1
2	3	9	7	1	6	4	8	5
4	1	6	5	9	8	7	3	2
7	2	3	6	4	5	8	1	9
8	4	1	9	3	7	2	5	6
6	9	5	2	8	1	3	7	4
3	6	4	1	7	9	5	2	8
9	5	2	8	6	3	1	4	7
1	7	8	4	5	2	9	6	3

47

1	9	2	3	5	7	6	8	4
8	3	5	6	2	4	1	7	9
7	4	6	9	8	1	2	5	3
3	5	8	2	4	6	7	9	1
6	7	4	5	1	9	8	3	2
2	1	9	7	3	8	5	4	6
5	2	7	1	9	3	4	6	8
4	6	3	8	7	2	9	1	5
9	8	1	4	6	5	3	2	7

48

8	1	2	5	3	7	4	6	9
7	9	3	4	1	6	8	2	5
6	4	5	9	8	2	3	7	1
9	7	1	3	4	5	2	8	6
2	8	4	6	9	1	7	5	3
3	5	6	2	7	8	1	9	4
1	3	8	7	5	9	6	4	2
4	2	9	8	6	3	5	1	7
5	6	7	1	2	4	9	3	8

49

5	2	6	8	7	9	4	3	1
7	8	4	3	1	2	6	5	9
3	1	9	5	6	4	2	8	7
8	7	5	2	4	1	9	6	3
6	3	2	7	9	5	1	4	8
9	4	1	6	8	3	7	2	5
4	6	3	1	5	7	8	9	2
1	5	8	9	2	6	3	7	4
2	9	7	4	3	8	5	1	6

50

8	6	9	4	2	7	1	3	5
3	2	1	6	9	5	8	4	7
7	5	4	3	1	8	9	6	2
2	7	5	8	3	1	6	9	4
1	4	8	9	7	6	2	5	3
9	3	6	2	5	4	7	8	1
5	8	3	7	6	2	4	1	9
6	9	2	1	4	3	5	7	8
4	1	7	5	8	9	3	2	6

51

4	6	1	8	2	7	5	9	3
8	2	9	3	5	1	4	6	7
3	7	5	6	9	4	8	1	2
7	9	3	5	1	6	2	4	8
1	8	4	2	7	3	6	5	9
2	5	6	9	4	8	3	7	1
5	1	8	7	6	2	9	3	4
6	3	7	4	8	9	1	2	5
9	4	2	1	3	5	7	8	6

52

6	4	7	2	5	3	9	8	1
1	8	5	6	9	4	2	7	3
3	2	9	1	8	7	5	4	6
8	1	6	3	4	5	7	9	2
5	9	3	7	2	1	4	6	8
2	7	4	9	6	8	1	3	5
9	5	8	4	1	6	3	2	7
7	6	2	5	3	9	8	1	4
4	3	1	8	7	2	6	5	9

53

6	3	9	8	5	4	2	1	7
8	1	4	3	7	2	6	9	5
2	5	7	1	9	6	4	3	8
9	4	1	7	6	3	5	8	2
5	7	6	2	8	1	3	4	9
3	2	8	5	4	9	1	7	6
1	9	5	4	2	8	7	6	3
7	8	3	6	1	5	9	2	4
4	6	2	9	3	7	8	5	1

54

9	7	3	1	5	8	6	4	2
4	8	6	3	2	7	1	5	9
2	1	5	9	6	4	8	7	3
8	4	7	2	3	9	5	1	6
5	2	9	4	1	6	7	3	8
6	3	1	7	8	5	2	9	4
7	5	2	8	9	3	4	6	1
1	9	4	6	7	2	3	8	5
3	6	8	5	4	1	9	2	7

55

2	1	3	5	7	9	4	8	6
7	8	6	4	2	3	9	1	5
9	4	5	1	8	6	2	7	3
5	7	9	3	6	8	1	4	2
4	3	1	2	5	7	6	9	8
6	2	8	9	4	1	3	5	7
8	6	4	7	9	2	5	3	1
3	9	7	6	1	5	8	2	4
1	5	2	8	3	4	7	6	9

56

3	4	5	7	9	2	6	1	8
2	6	1	3	4	8	9	5	7
8	9	7	1	6	5	3	4	2
7	2	4	8	3	9	5	6	1
1	8	6	4	5	7	2	9	3
5	3	9	2	1	6	7	8	4
9	1	8	5	2	3	4	7	6
4	5	2	6	7	1	8	3	9
6	7	3	9	8	4	1	2	5

57

7	2	8	3	9	1	5	4	6
6	4	9	2	5	7	8	3	1
3	1	5	8	4	6	2	9	7
5	9	2	7	1	3	6	8	4
1	6	3	4	8	9	7	5	2
4	8	7	5	6	2	9	1	3
2	7	1	9	3	8	4	6	5
8	3	4	6	2	5	1	7	9
9	5	6	1	7	4	3	2	8

58

7	5	8	4	3	9	6	2	1
2	1	3	5	7	6	9	8	4
9	4	6	1	8	2	7	5	3
6	3	1	7	2	4	8	9	5
4	2	5	6	9	8	3	1	7
8	9	7	3	1	5	4	6	2
5	6	2	8	4	7	1	3	9
3	8	4	9	5	1	2	7	6
1	7	9	2	6	3	5	4	8

59

1	9	5	6	4	8	2	7	3
4	8	3	9	2	7	6	5	1
2	7	6	3	1	5	9	8	4
9	2	4	1	7	6	5	3	8
8	3	1	4	5	9	7	6	2
5	6	7	2	8	3	1	4	9
6	1	8	7	9	4	3	2	5
3	4	9	5	6	2	8	1	7
7	5	2	8	3	1	4	9	6

60

6	9	4	5	1	3	8	7	2
7	8	5	9	2	6	4	3	1
1	3	2	7	8	4	6	9	5
9	4	8	3	7	2	1	5	6
5	7	6	1	4	9	2	8	3
3	2	1	6	5	8	9	4	7
2	1	3	8	9	5	7	6	4
4	6	9	2	3	7	5	1	8
8	5	7	4	6	1	3	2	9

61

5	2	3	6	7	8	1	9	4
7	6	4	9	3	1	5	8	2
8	9	1	2	5	4	6	7	3
6	5	2	4	8	3	7	1	9
3	4	7	5	1	9	2	6	8
1	8	9	7	6	2	4	3	5
9	1	5	3	4	6	8	2	7
2	7	6	8	9	5	3	4	1
4	3	8	1	2	7	9	5	6

62

8	5	1	6	2	4	3	9	7
4	6	7	3	9	8	5	1	2
2	3	9	7	5	1	8	6	4
7	8	2	4	1	9	6	3	5
3	9	5	8	7	6	4	2	1
1	4	6	5	3	2	7	8	9
6	2	3	1	4	7	9	5	8
5	1	4	9	8	3	2	7	6
9	7	8	2	6	5	1	4	3

63

9	8	3	1	5	4	2	6	7
6	5	2	9	7	8	3	1	4
4	7	1	2	6	3	9	5	8
2	3	8	5	1	7	4	9	6
7	9	5	4	8	6	1	2	3
1	4	6	3	9	2	8	7	5
5	6	4	8	2	1	7	3	9
8	2	9	7	3	5	6	4	1
3	1	7	6	4	9	5	8	2

64

6	4	3	2	7	5	8	9	1
7	5	9	8	4	1	3	6	2
8	1	2	3	9	6	4	5	7
3	6	4	1	8	2	9	7	5
5	7	1	6	3	9	2	8	4
9	2	8	4	5	7	1	3	6
4	9	6	5	2	8	7	1	3
1	3	7	9	6	4	5	2	8
2	8	5	7	1	3	6	4	9

65

5	8	6	7	9	1	4	3	2
2	7	3	5	4	8	9	1	6
9	4	1	3	6	2	7	5	8
3	5	2	4	1	7	8	6	9
7	6	4	8	5	9	1	2	3
1	9	8	6	2	3	5	7	4
6	1	9	2	7	4	3	8	5
8	2	7	9	3	5	6	4	1
4	3	5	1	8	6	2	9	7

66

4	7	3	6	5	8	9	1	2
2	8	5	1	3	9	7	6	4
1	6	9	4	2	7	5	3	8
5	9	2	3	7	4	1	8	6
8	4	1	9	6	2	3	7	5
7	3	6	5	8	1	4	2	9
9	2	4	8	1	3	6	5	7
6	1	7	2	9	5	8	4	3
3	5	8	7	4	6	2	9	1

67

7	8	1	5	4	3	6	9	2
5	2	9	6	1	7	3	4	8
6	4	3	9	8	2	1	7	5
4	7	8	3	9	1	5	2	6
1	3	5	4	2	6	9	8	7
2	9	6	7	5	8	4	3	1
9	6	7	2	3	5	8	1	4
8	5	4	1	7	9	2	6	3
3	1	2	8	6	4	7	5	9

68

6	2	9	5	1	8	7	4	3
4	7	3	6	2	9	1	5	8
8	1	5	4	7	3	2	9	6
5	3	8	2	6	4	9	7	1
1	6	7	9	3	5	4	8	2
9	4	2	1	8	7	3	6	5
7	8	4	3	5	2	6	1	9
3	9	1	8	4	6	5	2	7
2	5	6	7	9	1	8	3	4

69

5	4	8	2	1	9	7	3	6
7	3	1	6	5	4	2	8	9
9	2	6	3	8	7	4	5	1
8	5	7	9	3	2	1	6	4
4	6	2	1	7	5	8	9	3
3	1	9	8	4	6	5	2	7
6	7	3	4	2	8	9	1	5
1	8	4	5	9	3	6	7	2
2	9	5	7	6	1	3	4	8

70

2	8	5	3	4	7	1	9	6
9	3	4	2	6	1	8	5	7
7	6	1	9	8	5	4	3	2
4	1	2	8	7	9	5	6	3
8	9	3	5	1	6	7	2	4
6	5	7	4	3	2	9	8	1
1	2	9	6	5	4	3	7	8
5	7	8	1	2	3	6	4	9
3	4	6	7	9	8	2	1	5

71

6	2	4	7	3	8	9	1	5
7	5	9	6	2	1	4	3	8
8	3	1	5	9	4	6	2	7
2	7	6	1	8	5	3	4	9
3	4	5	9	7	2	1	8	6
9	1	8	3	4	6	5	7	2
5	8	3	2	1	9	7	6	4
4	9	7	8	6	3	2	5	1
1	6	2	4	5	7	8	9	3

72

6	3	9	1	5	8	2	7	4
1	7	8	4	6	2	9	5	3
2	4	5	7	9	3	8	6	1
9	8	1	6	3	7	4	2	5
4	5	2	9	8	1	6	3	7
3	6	7	2	4	5	1	8	9
8	2	3	5	1	9	7	4	6
5	1	6	8	7	4	3	9	2
7	9	4	3	2	6	5	1	8

73

2	3	9	8	1	6	5	7	4
5	7	8	3	2	4	6	9	1
1	6	4	9	5	7	8	2	3
6	9	2	1	7	8	4	3	5
7	1	5	4	3	9	2	8	6
4	8	3	2	6	5	9	1	7
9	4	6	7	8	1	3	5	2
3	5	7	6	9	2	1	4	8
8	2	1	5	4	3	7	6	9

74

1	9	2	3	7	8	4	6	5
5	7	8	4	6	2	1	3	9
3	6	4	9	1	5	7	8	2
6	5	9	7	8	3	2	4	1
8	4	7	5	2	1	3	9	6
2	3	1	6	9	4	5	7	8
4	8	5	1	3	6	9	2	7
7	2	3	8	5	9	6	1	4
9	1	6	2	4	7	8	5	3

75

2	4	9	3	8	7	5	6	1
7	5	8	6	1	9	4	3	2
6	3	1	4	2	5	8	9	7
5	2	4	8	3	1	9	7	6
8	7	3	9	6	2	1	5	4
1	9	6	5	7	4	3	2	8
9	1	7	2	5	8	6	4	3
4	6	2	1	9	3	7	8	5
3	8	5	7	4	6	2	1	9

76

9	5	3	1	7	8	4	2	6
4	8	1	9	2	6	5	3	7
2	7	6	4	3	5	8	1	9
8	9	2	6	4	3	7	5	1
3	6	4	7	5	1	9	8	2
7	1	5	2	8	9	3	6	4
1	4	8	5	9	2	6	7	3
6	3	9	8	1	7	2	4	5
5	2	7	3	6	4	1	9	8

77

7	4	2	5	8	3	9	6	1
8	5	1	2	6	9	7	4	3
9	3	6	7	1	4	2	8	5
4	1	5	9	7	2	6	3	8
6	2	8	4	3	1	5	9	7
3	9	7	8	5	6	1	2	4
1	8	4	6	9	7	3	5	2
2	6	3	1	4	5	8	7	9
5	7	9	3	2	8	4	1	6

78

5	7	9	4	3	1	8	6	2
6	4	2	9	7	8	3	5	1
1	8	3	2	5	6	9	7	4
4	3	8	7	9	5	1	2	6
2	1	5	8	6	4	7	3	9
9	6	7	1	2	3	4	8	5
8	5	1	3	4	2	6	9	7
3	9	6	5	1	7	2	4	8
7	2	4	6	8	9	5	1	3

79

3	9	7	5	6	8	1	4	2
2	8	4	3	7	1	9	5	6
6	1	5	4	9	2	3	7	8
7	6	8	2	3	5	4	1	9
1	2	9	7	8	4	5	6	3
5	4	3	9	1	6	2	8	7
9	7	1	8	5	3	6	2	4
8	5	2	6	4	9	7	3	1
4	3	6	1	2	7	8	9	5

80

8	2	7	5	1	4	3	9	6
5	9	1	8	3	6	4	2	7
6	3	4	2	7	9	5	1	8
2	1	8	3	4	7	9	6	5
3	5	9	6	8	1	2	7	4
7	4	6	9	2	5	1	8	3
4	7	3	1	9	8	6	5	2
9	6	2	7	5	3	8	4	1
1	8	5	4	6	2	7	3	9

81

3	2	1	9	5	7	6	4	8
4	7	6	3	2	8	5	1	9
9	5	8	4	1	6	2	7	3
7	1	5	8	9	3	4	2	6
8	4	2	5	6	1	3	9	7
6	9	3	7	4	2	8	5	1
2	8	9	6	7	5	1	3	4
5	6	7	1	3	4	9	8	2
1	3	4	2	8	9	7	6	5

82

5	8	3	9	7	2	1	6	4
1	9	7	6	3	4	8	2	5
2	6	4	5	8	1	7	9	3
9	4	2	7	1	5	3	8	6
6	3	1	8	2	9	5	4	7
8	7	5	4	6	3	9	1	2
7	1	6	2	5	8	4	3	9
4	5	8	3	9	6	2	7	1
3	2	9	1	4	7	6	5	8

83

2	3	9	7	1	8	6	4	5
7	5	4	9	3	6	8	1	2
8	1	6	2	4	5	7	9	3
9	7	5	4	8	2	3	6	1
1	2	8	3	6	9	4	5	7
4	6	3	5	7	1	2	8	9
6	8	2	1	9	3	5	7	4
5	9	7	8	2	4	1	3	6
3	4	1	6	5	7	9	2	8

84

8	2	6	9	3	5	4	1	7
5	3	1	4	8	7	9	6	2
7	9	4	2	1	6	8	3	5
3	6	7	5	9	1	2	4	8
1	5	2	8	7	4	3	9	6
4	8	9	6	2	3	5	7	1
2	1	3	7	5	9	6	8	4
6	7	8	3	4	2	1	5	9
9	4	5	1	6	8	7	2	3

85

3	1	6	5	8	9	4	7	2
9	8	7	2	4	1	3	6	5
5	4	2	7	3	6	8	1	9
7	3	1	8	6	2	9	5	4
8	9	5	3	1	4	6	2	7
2	6	4	9	5	7	1	8	3
4	7	3	1	2	8	5	9	6
6	2	8	4	9	5	7	3	1
1	5	9	6	7	3	2	4	8

86

6	7	2	9	4	8	5	1	3
4	8	3	5	7	1	6	2	9
9	1	5	2	6	3	8	4	7
8	3	7	4	9	6	2	5	1
2	6	1	8	3	5	7	9	4
5	4	9	1	2	7	3	6	8
1	5	6	7	8	9	4	3	2
7	9	4	3	5	2	1	8	6
3	2	8	6	1	4	9	7	5

87

8	2	3	7	4	5	1	6	9
4	9	7	3	1	6	8	5	2
6	5	1	9	8	2	3	4	7
2	4	8	5	6	3	7	9	1
7	1	5	4	2	9	6	3	8
9	3	6	1	7	8	4	2	5
3	8	9	6	5	7	2	1	4
5	7	4	2	3	1	9	8	6
1	6	2	8	9	4	5	7	3

88

5	7	4	3	1	9	6	8	2
8	9	2	6	7	4	1	5	3
1	6	3	5	8	2	4	9	7
9	3	5	8	4	7	2	6	1
2	4	8	1	6	5	3	7	9
6	1	7	9	2	3	8	4	5
3	8	6	7	9	1	5	2	4
4	5	9	2	3	6	7	1	8
7	2	1	4	5	8	9	3	6

89

6	3	2	5	9	7	1	8	4
8	7	5	1	2	4	9	3	6
9	1	4	8	6	3	5	2	7
1	4	7	6	8	2	3	5	9
3	9	8	4	7	5	2	6	1
2	5	6	3	1	9	4	7	8
5	8	1	2	4	6	7	9	3
7	6	3	9	5	1	8	4	2
4	2	9	7	3	8	6	1	5

90

5	3	8	6	9	4	7	1	2
7	6	4	3	1	2	8	5	9
1	9	2	7	5	8	4	3	6
2	1	3	4	7	5	6	9	8
9	5	7	8	3	6	2	4	1
8	4	6	1	2	9	5	7	3
4	2	5	9	6	1	3	8	7
6	7	1	5	8	3	9	2	4
3	8	9	2	4	7	1	6	5

91

1	4	2	7	8	6	5	9	3
8	3	7	9	4	5	1	2	6
5	6	9	3	1	2	7	8	4
6	1	3	4	2	7	9	5	8
7	9	8	5	3	1	4	6	2
2	5	4	6	9	8	3	7	1
4	8	1	2	7	9	6	3	5
3	7	5	8	6	4	2	1	9
9	2	6	1	5	3	8	4	7

92

5	7	6	2	9	8	4	3	1
8	2	4	3	6	1	5	9	7
3	1	9	4	7	5	2	8	6
4	6	5	1	2	9	8	7	3
9	3	2	8	4	7	6	1	5
1	8	7	5	3	6	9	2	4
7	5	8	9	1	4	3	6	2
6	4	3	7	8	2	1	5	9
2	9	1	6	5	3	7	4	8

93

7	3	4	2	6	1	8	5	9
1	2	8	7	5	9	6	4	3
5	9	6	3	8	4	7	2	1
6	4	3	8	1	2	5	9	7
8	7	5	4	9	3	1	6	2
9	1	2	6	7	5	4	3	8
4	5	9	1	2	8	3	7	6
3	8	7	9	4	6	2	1	5
2	6	1	5	3	7	9	8	4

94

3	6	7	5	4	8	9	1	2
8	9	5	1	3	2	4	7	6
1	4	2	9	6	7	8	5	3
2	1	9	4	7	5	3	6	8
4	7	6	2	8	3	5	9	1
5	3	8	6	9	1	2	4	7
9	5	1	3	2	6	7	8	4
7	2	4	8	1	9	6	3	5
6	8	3	7	5	4	1	2	9

95

3	7	8	6	5	2	1	9	4
5	1	9	4	3	7	6	8	2
4	6	2	1	8	9	3	5	7
6	4	5	8	9	3	7	2	1
2	8	1	5	7	6	9	4	3
9	3	7	2	4	1	5	6	8
7	5	3	9	2	4	8	1	6
1	9	4	7	6	8	2	3	5
8	2	6	3	1	5	4	7	9

96

5	1	8	4	6	3	7	9	2
4	7	2	8	9	5	3	1	6
3	9	6	1	2	7	8	5	4
1	2	3	5	4	8	9	6	7
9	8	7	2	3	6	5	4	1
6	4	5	9	7	1	2	3	8
2	3	1	6	8	9	4	7	5
7	5	4	3	1	2	6	8	9
8	6	9	7	5	4	1	2	3

97

2	6	4	8	7	9	3	5	1
9	1	8	5	2	3	7	6	4
5	3	7	6	1	4	9	2	8
1	7	9	2	8	5	4	3	6
4	2	6	9	3	7	8	1	5
8	5	3	4	6	1	2	9	7
6	9	2	1	4	8	5	7	3
7	8	5	3	9	6	1	4	2
3	4	1	7	5	2	6	8	9

98

3	2	5	6	7	4	9	1	8
8	7	6	2	1	9	4	5	3
9	1	4	3	8	5	2	6	7
6	5	3	7	9	1	8	2	4
2	4	7	5	6	8	3	9	1
1	8	9	4	3	2	6	7	5
7	6	1	8	2	3	5	4	9
5	9	8	1	4	6	7	3	2
4	3	2	9	5	7	1	8	6

99

7	1	3	6	9	5	8	4	2
9	6	8	4	2	1	7	5	3
5	2	4	7	3	8	6	1	9
4	8	6	3	1	2	9	7	5
1	5	7	9	8	6	3	2	4
2	3	9	5	4	7	1	8	6
6	7	2	1	5	3	4	9	8
8	4	1	2	6	9	5	3	7
3	9	5	8	7	4	2	6	1

100

3	9	5	7	4	8	6	2	1
7	6	1	9	3	2	4	5	8
2	4	8	5	1	6	9	7	3
4	3	7	1	6	9	5	8	2
1	8	6	2	5	4	7	3	9
5	2	9	8	7	3	1	6	4
6	1	2	4	8	7	3	9	5
8	7	4	3	9	5	2	1	6
9	5	3	6	2	1	8	4	7

101

5	1	7	4	8	3	6	9	2
2	4	6	9	5	7	1	8	3
9	8	3	2	1	6	4	5	7
7	6	8	5	4	1	3	2	9
3	2	4	7	9	8	5	1	6
1	5	9	3	6	2	7	4	8
6	9	2	1	7	4	8	3	5
4	7	5	8	3	9	2	6	1
8	3	1	6	2	5	9	7	4

102

5	4	2	9	3	8	6	7	1
3	7	1	2	4	6	9	5	8
9	6	8	1	7	5	4	3	2
7	5	4	6	1	2	3	8	9
1	2	6	3	8	9	7	4	5
8	9	3	4	5	7	1	2	6
4	8	9	5	6	3	2	1	7
2	1	5	7	9	4	8	6	3
6	3	7	8	2	1	5	9	4

103

2	1	4	3	7	9	8	5	6
9	8	7	6	1	5	3	2	4
3	5	6	4	8	2	7	1	9
7	9	8	5	3	1	4	6	2
4	6	1	9	2	7	5	8	3
5	2	3	8	6	4	9	7	1
6	4	2	7	5	3	1	9	8
8	3	5	1	9	6	2	4	7
1	7	9	2	4	8	6	3	5

104

2	3	5	7	8	9	1	4	6
9	7	4	6	1	2	8	3	5
1	6	8	4	3	5	7	9	2
4	2	7	5	6	3	9	8	1
8	9	3	1	2	4	5	6	7
5	1	6	8	9	7	4	2	3
6	8	9	2	5	1	3	7	4
3	4	1	9	7	6	2	5	8
7	5	2	3	4	8	6	1	9

105

1	5	7	6	8	2	3	4	9
9	2	3	5	7	4	1	8	6
8	6	4	3	9	1	7	5	2
5	4	2	1	6	7	9	3	8
6	3	9	2	4	8	5	1	7
7	1	8	9	5	3	2	6	4
3	7	6	8	2	5	4	9	1
4	9	1	7	3	6	8	2	5
2	8	5	4	1	9	6	7	3

106

5	4	1	9	2	3	8	7	6
7	6	2	4	8	1	5	9	3
9	8	3	6	7	5	2	1	4
8	2	4	5	1	9	3	6	7
1	3	9	7	6	2	4	8	5
6	5	7	8	3	4	9	2	1
3	1	8	2	4	6	7	5	9
4	7	5	1	9	8	6	3	2
2	9	6	3	5	7	1	4	8

107

6	5	1	3	8	7	4	9	2
3	4	8	2	9	1	7	5	6
9	2	7	4	6	5	1	3	8
7	9	6	5	4	8	3	2	1
5	8	3	1	2	9	6	7	4
4	1	2	6	7	3	9	8	5
8	3	4	7	1	2	5	6	9
2	6	5	9	3	4	8	1	7
1	7	9	8	5	6	2	4	3

108

6	3	7	8	9	5	4	2	1
9	4	1	3	7	2	8	6	5
8	2	5	1	4	6	9	3	7
3	6	9	5	8	7	1	4	2
7	5	2	4	6	1	3	8	9
4	1	8	9	2	3	5	7	6
5	9	6	2	3	4	7	1	8
2	8	3	7	1	9	6	5	4
1	7	4	6	5	8	2	9	3

109

2	7	3	8	6	5	1	9	4
5	8	9	1	3	4	7	2	6
6	4	1	2	9	7	8	5	3
9	1	2	7	4	8	3	6	5
3	5	8	6	2	1	9	4	7
4	6	7	9	5	3	2	8	1
8	2	5	3	1	6	4	7	9
1	9	4	5	7	2	6	3	8
7	3	6	4	8	9	5	1	2

110

3	9	7	4	1	8	5	6	2
2	8	4	6	5	9	7	1	3
1	6	5	3	2	7	9	8	4
9	5	2	8	3	1	6	4	7
8	4	3	7	6	5	2	9	1
6	7	1	9	4	2	3	5	8
7	1	6	2	9	4	8	3	5
5	2	9	1	8	3	4	7	6
4	3	8	5	7	6	1	2	9

111

1	6	2	4	7	5	9	3	8
4	3	5	1	8	9	6	7	2
8	9	7	3	6	2	1	5	4
2	4	1	7	5	8	3	9	6
6	7	3	9	1	4	8	2	5
5	8	9	2	3	6	7	4	1
9	5	8	6	4	7	2	1	3
7	1	4	8	2	3	5	6	9
3	2	6	5	9	1	4	8	7

〔編著者紹介〕
株式会社ニコリ

日本初のパズル専門雑誌『パズル通信ニコリ』を発行する出版社・パズル制作集団。
雑誌や書籍を編著・発行するほか、新聞、雑誌、インターネットやケータイ、ゲームなど
にも多くのパズルを提供している。欧米でも多数の書籍が出版されており、世界中で
ブームとなっている「数独」の発信源でもある。

+ S U D O K U +
# ポケット数独2
中級篇

2006年10月 7 日　初版第 1 刷発行
2012年 3 月24日　初版第16刷発行

編著者　　**株式会社ニコリ**

発行者　　**新田光敏**

発行所　　**ソフトバンク クリエイティブ株式会社**
　　　　　〒106-0032　東京都港区六本木2-4-5
　　　　　電話:03-5549-1201（営業）

組版・本文デザイン　　株式会社ニコリ

印　刷　　中央精版印刷株式会社

カバーデザイン　　mill design studio

© NIKOLI Co., Ltd. 2006　Printed in Japan
ISBN4-7973-3569-6
「数独」は株式会社ニコリの登録商標です。

落丁本、乱丁本はソフトバンク クリエイティブ株式会社営業部にてお取替えいたします。
定価はカバーに記載されています。
本書に関するご質問等は、小社学芸書籍編集部まで必ず書面にてお願いいたします。